krause gedanken
liederbuch nr.1

BOOKS on DEMAND

ERICH KRAUSE
KRAUSE GEDANKEN
LIEDERBUCH NR. 1*

(* die Gedichte sind eigentlich
meistens auch als Lieder gedacht)

Der Autor war Lehrer und Schulleiter an Grundschulen. Die vorliegen-
den Gedichte – oft mit einem ironischen Unterton – sind meistens
auch als Songs gedacht. Mehr über den Autor im Internet auf
www.erich-krause.de
Weitere (ältere und neuere) Texte sind zu finden unter
www.krause-gedanken.de und www.gedankenfluege.de
sowie www.facebook.com/krausegedanken/

Bibliografische Information der Deutschen Nationalbibliothek:
Die Deutsche Nationalbibliothek verzeichnet diese Publikation in der
Deutschen Nationalbibliografie; detaillierte bibliografische Daten sind
im Internet über http://dnb.dnb.de abrufbar.

© 2015 Erich Krause (verbessert und ergänzt 2017)

Herstellung und Verlag: BoD – Books on Demand, Norderstedt
ISBN: 978-3-739208909

INHALT

NICHT IN DER HITPARADE

meine lieder sind nicht in der hitparade
für die hitparade sind sie viel zu schade
meine lieder sind nicht im radio
nein, die sind nicht so

du kannst davon keine cd bekommen
denn ich hab ja auch keine aufgenommen
ich zieh auch nicht kreuz und quer durchs land
meine lieder sind ziemlich unbekannt

meine lieder bekommt ihr nur selten zu hören
denn ich will euch ja nicht unnötig stören
doch ich sag das jetzt mal ohne abzuheben:
ich habe mir wirklich viel mühe gegeben

und – falls ihr's nicht merkt: meine lieder sind toll
manche texte sind richtig anspruchsvoll
was ich sagen will, hab' ich mir gut überlegt –
doch da ist ein gedanke, der mich bewegt:

ach, hätt' ich doch dumme lieder gemacht
dann hätt ich's vielleicht zu was gebracht

ALTER MANN

(ein lied zum meinem eigenen 60. geburtstag)

ich mag mich zwar nicht mehr wie früher schinden
und beklage manchmal mangelhaftes wohlbefinden
doch mein verstand ist fit, ich bin geistig rege
ich bin offen und beschreite auch neue wege

und ich fühle mich eigentlich noch ziemlich jung
und manch junger mann hat weniger begeisterung
doch schau ich mich beim rasieren im spiegel an
dann seh ich, ich bin ein alter mann

es geht schneller als man sich das vorstell'n kann
und auf einmal ist man ein alter mann

junge, fitte und ganz gescheite leute
die sehn alles anders aus der sicht von heute
und meinen oft, sie wüssten ganz gewiss
wo es lang geht und was das beste is'

und denken vielleicht, sie müssten in der tat
alles neu erfinden, zum beispiel das rad
bin ich skeptisch, denken sie – so nehme ich an:
lasst ihn reden, er ist halt ein alter mann

es geht schneller als man sich das vorstell'n kann
und auf einmal ist man ein alter mann

8

wenn ich mit bekannten zusammensitze,
dann erzählen wir uns keine albernen witze
ihr könnt uns ruhig zuhör'n zu jeder zeit
wir philosophieren und wir reden gescheit

doch oft wechselt das thema und jeder klagt
was ihm weh tut und was der doktor sagt
jeder schaut voll mitleid den andern an
und denkt sich: der ist jetzt ein alter mann

es geht schneller als man sich das vorstell'n kann
und auf einmal ist man ein alter mann

manche männer in meinem alter machen
recht viele bemerkenswerte sachen
strampeln sich im fintess-studio ab
haben weniger pfunde, als ich sie hab

leben gesund und ernähren sich richtig
was sie machen, ist sicher auch sehr wichtig
und mancher kann manches, was ich nicht kann –
und trotzdem wird jeder ein alter mann

es geht schneller als man sich das vorstell'n kann
und auf einmal ist man ein alter mann

ach ja, die gute alte zeit
man war ja kein kind von traurigkeit
man liebte den beat und war ungeniert
leider hab ich nicht alles ausprobiert

doch manche trieben es wirklich richtig toll
mit sex and drugs and rock'n roll
doch die ewige jugend endet irgendwann –
auch den rolling stones sieht man es deutlich an:

es geht schneller als man sich das vorstelln kann
und auf einmal ist man ein alter mann

ja, lacht nur, ihr jungen, über das, was ich sage
doch ihr werdet's merken – ganz ohne frage -
vielleicht erst später oder schon recht bald:
wer nicht rechtzeitig tot ist, wird irgendwann alt

DIE WELT RETTEN

dass wir die welt retten
hab'n wir früher mal gedacht
auch wenn wir's gern getan hätten
wir haben's nicht gemacht
wir hab'n davon geredet
und davon geträumt
dann ging die zeit vorbei
und wir hatten es versäumt

dass wir die welt retten
ist uns leider nicht gelungen
statt dass wir sie gerettet hätten
haben wir davon gesungen
vom frieden auf der welt
und wie besorgt wir sind
and the answer my friend
is blowing in the wind

dass wir die welt noch retten könnten
dafür ist es nun zu spät
wobei wir fast schon wetten könnten
dass es ohnehin nicht geht
die welt hat nicht auf uns gewartet
und ohne uns weht auch der wind
und die erde dreht sich weiter
bis alle schwindlig sind

ERINNERUNGEN

früher war ich besser drauf
hob die fotos besser auf
weil ich das, was ich erlebte
ordentlich in alben klebte
leider war mir das system
auf die dauer unbequem -
ich steck fotos lang nun schon
einfach in den pappkarton

bilder von geburtstagsfeiern, weihnachtsbäumen, ostereiern
von familie und verwandten, freunden, anderen bekannten
türme, mauern, stadt und land, berge, sonne, meer und strand –
und auch bilder, ganz poetisch, künstlerisch und sehr ästhetisch

alles richtig zu sortieren
und auch richtig zu datieren
hatte ich mir vorgenommen –
ich bin nicht dazu gekommen
gründe dafür gibt es immer –
und es kam ja noch viel schlimmer:
inzwischen knips ich – wie fatal –
ganz enthemmt und digital

bilder von geburtstagsfeiern, weihnachtsbäumen, ostereiern…

dies zu ordnen war geplant
doch ich hatte es geahnt:
gerne ließ ich mich ablenken
musste an so vieles denken

wieder ein jahrzehnt vergangen –
wieder noch nicht angefangen
zigtausende von bilddatei'n
werden es inzwischen sein

bilder von geburtstagsfeiern, weihnachtsbäumen, ostereiern…

auch mein kopf ist überfüllt
(und vielleicht auch zugemüllt)
von bildern und erinnerungen –
ordnung ist auch hier misslungen
gründe dafür gibt es immer –
und es kam ja noch viel schlimmer:
es gibt ja doch jeden tag
was neues, was ich wissen mag

namen, orte, zahlen, daten – manchmal muss ich einfach raten -
von familie und verwandten, freunden, anderen bekannten
sachen, die mir leute sagen, lösungen, probleme, fragen –
und gedanken, ganz poetisch, künstlerisch und sehr ästhetisch

alles richtig zu sortieren
und zu aktualisieren
hatte ich mir vorgenommen –
ich bin nicht dazu gekommen
manchmal wünsch' ich unterdessen
einfach alles zu vergessen
(und doch hoff' ich, dass noch zeit ist
bis es eines tags so weit ist)

JUBILARGEDICHT

wird ein jubilar geehrt
feierlich und unbeschwert
hat er einen echten runden
wird gern ein gedicht erfunden

wenn der rhythmus etwas humpelt
und der reim ein bisschen rumpelt
sieht man gern darüber weg –
ist ja für 'nen guten zweck

fünfzig reimt man auf *vernünftig*
sechzig – prächtig reimt man zünftig
siebzig - gibt sich klingt fantastisch
achtzig reimt man auf *elastisch*

man kann, um sich einzuschleimen
neunzig - alle freun sich reimen
und es reimt sich ja fürwahr
hundert jahr auf *wunderbar*

leute, die in bildungskreisen
sonst nur große werke preisen
bauen kühne reimgebäude
reimen *freunde* auf die *freude*

so'n gedicht ist, wie gesagt
literarisch zwar gewagt
doch – das muss man auch erwähnen –
es rührt den jubilar zu tränen

SPAREN

früher mal vor vielen Jahren
musste ich, um was zu sparen
erst geduldig warten können
um mir später was zu gönnen
war das sparschwein endlich voll
fand ich's unbeschreiblich toll

später war mir das zu schwierig
auch mit sparbuch zu langwierig
hab' von sachen dann die preise
abgestottert ratenweise
manchmal auch auf lange Sicht –
doch gespart hab ich so nicht

aber in den letzten jahren
lernte ich, beim kauf zu sparen –
und zwar auf diverse arten:
schnäppchen, punkte, kundenkarten –
und wer im internet bestellt
spart bekanntlich auch viel geld

leute, spart nicht für die rente,
spart beim einkauf die prozente!
ach, wie schön ist doch das leben,
wenn man spart durch geldausgeben!
so spart jetzt schon jedes kind -
sparen - bis wir pleite sind

BEGEGNUNG

einer, der da vor mir steht
fragt mich freundlich, wie's mir geht
einer, von dem ich gern wüsste
woher ich ihn kennen müsste

und er tut auch sehr bekannt
freundlich gibt er mir die hand
und ich kenn auch sein gesicht
doch den namen weiß ich nicht

leider, namen mir zu merken
zählt grad nicht zu meinen stärken
leicht merk ich mir ein gedicht
aber namen leider nicht

weil er meinen namen kennt
und ihn immer wieder nennt
stellt sich jetzt für mich die frage
will er, dass ich seinen sage?

ich versuche zu taktieren
kann mich durchs gespräch lavieren
finde einiges heraus
doch beim namen setzt es aus

er sagt freundlich, dass er mich
trifft, darüber freut er sich
ich hab' andere gefühle
weil ich im gedächtnis wühle

und weil ich nicht anders kann
lüge ich ihn schamlos an:
es war schön, ihn mal zu sehn
doch ich müsste dringend gehn

plötzlich, da fällt mir ein stein
vom herzen - und der name ein
und ich sage: tschüs dann, klaus
man erwartet mich zuhaus

er heißt franz, macht er mir klar
klaus starb schon vor einem jahr
mir ist das jetzt wirklich peinlich
aber franz ist gar nicht kleinlich

dieser mensch, so wie es scheint
hat es wirklich gut gemeint
doch auch, wenn er freundlich schaut –
er hat mir den tag versaut

MANN VON WELT

wir trafen uns neulich am zug
und hatten nicht zeit genug
ich stieg aus und er stieg ein
er schien auch ziemlich in eile zu sein

wir wechselten schnell ein paar worte
von der unverfänglichen sorte
die ersten seit zwanzig jahren
und dann ist er abgefahren

was er jetzt macht, weiß ich immer noch nicht
in der schule war er kein großes licht
was er jetzt macht, wär schon interessant
denn immerhin war er sehr elegant

er trug einen aktenkoffer und hatte
einen schicken anzug und eine krawatte
vielleicht macht er geschäfte und hat viel geld
vielleicht ist er jetzt ein mann von welt

doch vielleicht ist sein dress
ja nur die normale
arbeitskluft
in einer bankfiliale

EINSEITIGES GESPRÄCH

ich lass mir gerne was erzählen und hör zu
es interessiert mich, was ein andrer denkt und sagt
will einer wissen, was ich selber denk und tu
erzähl ich gerne was von mir, wenn man mich fragt

doch dieser mensch hier - unbekümmert oder dreist
der redet nur von sich und nur aus seiner sicht
und sagt man was dazu, dann fühlt er sich ja meist
sogar bestätigt oder achtet darauf nicht

er hat zu jedem thema irgendwas zu sagen
blickt durch bei jeglichem problem auf dieser welt
hat eine antwort auf die ungelösten fragen
und gibt auch antwort, wenn man keine frage stellt

wenn man ihm widerspricht, scheint er's zu überhören
ich trete geistig weg und denke nur noch dran
wie ich ihn unterbrechen könnte oder stören
damit ich endlich dem gespräch entrinnen kann

soll ich ihm sagen, dass er mich unsagbar quält?
sag ich es durch die blume oder ganz empört?
doch da sagt er, ich hätte int'ressant erzählt
doch er muss weg - er hätt' mir gern noch zugehört

RADFAHRN

das radfahrn ist bekanntlich in und viele machen mit
es ist auch sehr gesund, es stärkt die muskeln und hält fit
es schont die umwelt, stinkt nicht und ist überhaupt vernünftig
und außerdem gilt radfahrn heutzutage auch als zünftig

so mancher treibt es ernsthaft und nicht einfach nur als mode
betreibt es aus passion und mit verstand und mit methode
und wenn das wetter stürmt und saut, dann macht es ihm nichts aus
das auto bleibt im trocknen und er holt das fahrrad raus

das radfahrn ist auch praktisch und man spart sich dadurch geld:
man muss nicht tanken und kommt trotzdem rum in dieser welt
ein tolles rad – das weiß ich jetzt – ist eigentlich zwar teuer
gerechterweise zahlt man aber keine extrasteuer

sogar im urlaub und sogar auf ziemlich langen strecken
fährt ein geübter radler immer mutig ohne schrecken
und wird er älter, wird's mit der zeit dann doch zuviel
kauft er sich ein elektrorad und bleibt damit mobil

und gibt es mal im stadtverkehr für autos einen stau –
den radfahrer betrifft es nicht – und wenn, dann fährt er schlau
am stau vorbei und nützt geschickt und stolz und selbstbewusst
den gehweg und erreicht sein ziel ganz ohne zeitverlust

so mancher mitmensch allerdings benimmt sich auf dem rad
ganz rücksichtslos und unverschämt und äußerst rabiat
von zeichen und von regeln lässt er sich dabei nicht stören
und tut, als ob ihm alle wege dieser welt gehören

auch radfahrn ohne fahrrad ist bisweilen sehr beliebt:
nach oben buckeln, unten treten, wenn's 'nen Vorteil gibt
doch allgemein dies zu behaupten wäre ganz unsäglich -
die meisten echten fahrradfahrer sind sozial verträglich

ich kenne viele fahrradfahrer wirklich gut persönlich
und deshalb endet dieses lied am ende auch versöhnlich
die Leute, die ich meine sind ganz friedlich und sympathisch
sie sind ein ein wenig wunderlich - doch es ist nicht dramatisch

INTERESSANT

ein bild hängt prominent und viel beachtet an der wand
der maler ist kein irgendwer, nein, er ist gut bekannt
und für den wert des werks wird ein sehr stolzer preis genannt
gefragt nach meiner meinung sprach ich:
es ist interessant

ich dachte: nicht der rede wert – und mich hat amüsiert
wie mancher sich zu lob verpflichtet fühlt und fabuliert
doch weil ich das zu diskutieren nicht verlockend fand
so sagte ich bedeutungsvoll nur:
es ist interessant

das bühnenstück war irre und ich fand es nicht so toll
das publikum war ratlos, die kritik des lobes voll
es gab mal wieder keiner zu, wie er es wirklich fand
auch ich hielt mich zurück und sagte:
es ist interessant

ein dichter las was ernstes vor – ich fand es lächerlich
ein netter mensch, den ich gut kenne, aber freute sich
und sagte stolz, er sei mit diesem dichter gut bekannt
und wie es mir gefällt – ich sagte:
es ist interessant

bei netten leuten war ich gast, der tisch war schön gedeckt
doch eigentlich hat es mir überhaupt nicht gut geschmeckt
als sie nach meiner meinung fragten, sprach ich so charmant
wie möglich und mit ernster miene:
es ist interessant

ein freund der machte für ein jubiläum ein gedicht
er hat es gut gemeint, doch gut gereimt hat er es nicht
ich prostete ihm zu und sagte freundlich zugewandt -
ich denke mal, ihr wisst es schon – nur:
es ist interessant

der satz hilft auch gelegentlich bei manchen diskussionen
die einem ganz egal sind und den widerspruch nicht lohnen
wenn es nicht richtig doof ist und auch nicht zu provokant
dann sag ich etwas unterkühlt nur:
es ist interessant

ich bin ja, wenn's drauf ankommt durchaus zur kritik bereit
doch wenn's nicht so darauf ankommt, dann vermeide ich den streit
ich nahm auch oft in kauf, dass man's als kompliment verstand
wenn ich mal ziemlich feige sagte:
es ist interessant

SENIOREN (1)

senioren sind heutzutage meist sehr
bildungsbewusst und mobil
sie fahren oft weit in der welt umher
und erleben noch ziemlich viel

senioren wollen die sonne sehn
sie fühl'n sich wie neu geboren
wenn sie baden oder spazierengehn
auf mallorca und auf den azoren

hierzulande bilden senioren gern
schwärme auf der suche nach wärme
man trifft viele ältere damen und herrn
zum beispiel in einer therme.

senioren sind oft voll zuversicht,
sie wollen noch lange nicht sterben
das gefällt den sozialen kassen nicht
und vielleicht auch nicht den erben

senioren nehmen überhand
sie leben zu lang - das rächt sich
darum sind ja auch viele hierzuland
für die rente mit neunundsechzig

SENIOREN (2)

von alten leuten reden wir nicht
es gibt nur noch senioren
wer verseh'ntlich von alten leuten spricht
schämt sich und kriegt rote ohren

alte leute, klingt irgendwie nach problem
senioren, das klingt viel feiner
es klingt respektvoll und angenehm –
und macht die probleme kleiner

über senioren redet sich leicht
da kann man auch scherze machen
wenn wir reden, wie's alten leuten geht
dann gibt's nicht so viel zu lachen

SCHULRAT

warum geht ein schulrat so gebeugt und krumm?
er trägt viel verantwortung mit sich herum
bückt sich fürsorglich herab und beugt sich tief nach oben
und das hält sein rückrat aus – das muss man doch mal loben

warum geht ein schulrat so gebeugt und krumm?
weisheit lastet schwer auf ihm – er ist nicht dumm
sein verstand ist stets hellwach und scharf so wie ein messer
wenn er auch nicht alles weiß, er weiß doch alles besser

warum geht ein schulrat so gebeugt und krumm?
er blickt auf untergebene und kommt viel rum
wenn er da ist, wenn er redet, ist man oft ganz still
wenn er aber geht, macht wieder jeder, was er will

warum geht ein schulrat so gebeugt und krumm?
es gibt 'nen neuen lehrplan - und das treibt ihn um
den alten hat er oft gelobt voll inbrunst und besessen
er hofft, die lehrer haben's ignoriert oder vergessen

warum geht ein schulrat so gebeugt und krumm?
heut sah er im spiegel sich und dachte stumm:
was ist denn an mir so schlimm, was ist an mir so schlecht
keiner hat mich richtig lieb und keinem mach' ich's recht

warum geht ein schulrat so gebeugt und krumm?
frag das mal 'nen lehrer, na, dann schaut der dumm
(aus der perspektive, wie ein frosch sie hat
wirkt ein schulrat nämlich groß und grad)

FACEBOOKFRÜHSTÜCK

ein versuch, sich in die gedankenwelt
einer auf facebook hyperaktiven person hineinzuversetzen

die welt will wissen, was mir durch den kopf geht
und was beim frühstück bei mir auf dem tisch steht
und deshalb werd ich sofort nach dem toasten
vom frühstückstisch ein foto posten

ich hab auch schon beim aufstehn beizeiten
um freunden 'ne freude zu bereiten
mein befinden und die träume der nacht
sofort ins soziale netz gebracht

ich guck und ich scrolle beim kaffeetrinken
und kann gleich was liken und verlinken
ich schreib auch schon mal einen kommentar
sonst denken ja alle, ich mache mich rar

ich teil ein foto und 'nen spruch zum lachen
ganz herzige und auch ganz schräge sachen
und wer das glück hat, dass er mit mir bekannt ist
erfährt jetzt, dass mein toastbrot verbrannt ist

ich habe den toaster zu stark eingestellt
bedauert mich, freunde in aller welt!

WAHNSINN

vogelgrippe, rinderwahn
werden als gefahr betrachtet
und nach einem notfallplan
wird jedes tier im stall geschlachtet

raserei und tempowahn
darf man allerdings nicht ächten
freiheit auf der autobahn
zählt ja zu den menschenrechten

dreistigkeit und größenwahn
auch wenn es nur schwachsinn ist
haben meistens freie bahn
machen geld aus jedem mist

börsenwahn und spekulierer
lassen oft die welt erbeben -
der gewöhnliche verlierer
könnte das nicht überleben

mit dem wahn von ideologen
hasserfüllt und geistig schlicht
wird die welt zurechtgebogen -
argumente braucht man nicht

wahnsinn hat jetzt konjunktur
manchmal ist er höchstgefährlich
manchmal ist der wahnsinn nur
überflüssig und entbehrlich

schönheitswahn und jugendwahn
schrilles gilt mehr als das leise
und der kaufwahn bricht sich bahn
sieht der kunde wahnsinnspreise

wahnsinnsfilme, wahnsinnssachen
wahnsinn ist ganz wundervoll
über wahnsinn kann man lachen
wahnsinn, irre, furchtbar toll

manchmal ist der wahnsinn mode
manchmal nimmt man ihn in kauf
oft hat wahnsinn auch methode -
keiner hält den wahnsinn auf

wahnsinn, wahnsinn überall
verbreitet sich ganz ungeniert
nur das vieh im rinderstall
wird wegen wahnsinn massakriert

RUMPELSTILZCHEN

die pleite mit der königin
war für das rumpelstilz traumatisch
es lebte dann im rumpelhaus
war depressiv und ganz apathisch

und müllerstöchter, könige
gab es bald nur noch wenige
die welt veränderte sich drastisch
und rumpelstilzchen sang sarkastisch:

ach, wie gut, dass niemand weiß
dass ich rumpelstilzchen heiß

das leben dort im rumpelwald
trieb rumpelstilz bis an den rand
des wahnsinns – und aus diesem grund
verließ es dann das märchenland

ganz unerkannt in unsrer welt
lebt rumpelstilz als biedermann
inkognito und irgendwo
und singt, wenn's keiner hören kann:

ach, wie gut, dass niemand weiß
dass ich rumpelstilzchen heiß

das rumpelstilz agiert nun auch
und unter falschem namen
im internet und macht sich ran
an kleine kinder und an damen

es treibt nun sein obskures spiel
meist am pc, doch auch mobil
es hat auch übles oft im sinn
und singt dann leise vor sich hin

ach, wie gut, dass niemand weiß
dass ich rumpelstilzchen heiß

einst tanzte es ums feuerlein
nun hüpft es vor dem monitor
die ganze welt ist nun sein reich
so glücklich war es nie zuvor

und keiner weiß, wo es nun steckt
vielleicht in einem fernen land?
vielleicht in deinem nachbarhaus
vielleicht wohnt's mit dir
wand an wand?

DER INNERE SCHWEINEHUND

ich denke, ich bin ziemlich wohlerzogen
hab nur in selt'nen fällen mal gelogen
hab keine schlimme bosheit ausgedacht
hab keinen ausgenützt und ausgelacht

so gut es geht, halt ich mich an gesetze
bemüh' mich, dass ich niemanden verletze
verhalte mich moralisch sehr bewusst –
und das erzeugt doch immer wieder frust

und ich bemühe mich nicht ohne grund
und halt zurück den innern schweinehund

ihr kennt mich voller sanftmut und geduld
wenn was passiert, dann bin ich gerne schuld
wenn ihr mich ärgert, nehm ich's mit humor
na, jedenfalls stellt ihr euch das so vor

ihr wisst, dass ich nicht viel für mich verlange
ich nehm es wie es kommt, auch von der stange
wenn man mir unrecht tut und nicht recht gibt
nehm' ich es hin - damit mich jeder liebt

und ich bemühe mich nicht ohne grund
und halt zurück den innern schweinehund

mein schweinehund will oft auch reagieren
auf schweinehunde, die ihn provozieren
es gibt ja leute, die bemüh'n sich ja kaum
und halten nie den schweinehund im zaum

jedoch mitunter hoffe ich ja schon
der himmel sorgt für den gerechten lohn
sonst überkommt mich eines Tags der wahn:
auge um auge, zahn um zahn

und ich bemühe mich nicht ohne grund
und halt zurück den innern schweinehund

wahrscheinlich ist der mensch an sich verloren
mit einem innern schweinehund geboren
und wird er dann nicht gut sozialisiert
dann gnade gott, was dann passiert

und ich vermute, auch in dieser runde
gibt's jede menge inn're schweinehunde
die's jeden tag erneut zu zähmen gilt
sonst wärt ihr ja gemein, brutal und wild

KLEINE SCHRITTE

kinder üben kleine schritte
immer wieder um zu gehn
kleine schritte, vorwärtskommen
und auf eignen beinen stehn

und will es nicht gleich gelingen
ist es irgendwie egal
sie probier'n es immer wieder
und dann klappt es endlich mal

kleine schritte, kleine schritte
unermüdlich und naiv
kleine schritte, kleine schritte
irgendwann geht's nicht mehr schief

kleine schritte, kleine schritte
die bedeuten oft nicht viel
aber viele kleine schritte
führen auch zum großen ziel

kleine schritte, auch im leben
sind oft mühsam und oft schwer
manchmal denk ich mir, ich mache
keine kleinen schritte mehr

oft sind uns bei den problemem
kleine schritte viel zu klein
wir woll'n große schritte gehen
um ganz schnell am ziel zu sein

große schritte, schnelle schritte
ungeduldig, unbedacht
haben viele schon ins stolpern
manchmal auch zu fall gebracht

kleine schritte, kleine schritte
die bedeuten oft nicht viel
aber viele kleine schritte
führen auch zum großen ziel

kleine schritte, kleine schritte
aber dann zur rechten zeit
ist es gut, ist man zu einem
wirklich großen schritt bereit

DAS GLÜCK

das glück ist oft ganz klein
es kann auch größer sein
das glück ist überall
doch nicht in jedem fall

vielleicht hat es ein ziel
vielleicht ist es ein spiel
vielleicht verwirrt es dich
vielleicht verirrt es sich

das glück ist manchmal weit
es lässt sich manchmal zeit
kommt manchmal über nacht
und schneller als gedacht

vielleicht ein fernes ziel
vielleicht fehlt nicht mehr viel
vielleicht zum greifen nah
vielleicht sogar schon da

das glück ist sehr gesund
und manchmal auch sehr bunt
das glück ist nah und fern
und jeder hätt' es gern

vielleicht macht es dann mut
vielleicht wird alles gut
vielleicht hat es - wer weiß -
auch einen hohen preis

das glück ist abgrundtief
und manchmal sehr naiv
und oft auch ungerecht
und sozusagen schlecht

vielleicht ist es der lohn
vielleicht ist es wie hohn
vielleicht ist es genug
vielleicht ist es betrug

das glück wird manchmal wahr
und bleibt doch unsichtbar
das glück strahlt manchmal hell
und oft vergeht es schnell

vielleicht schmilzt es wie eis
vielleicht ist es ganz heiß
vielleicht braucht es viel licht
vielleicht auch wieder nicht

das glück ist, das ist klar
ganz unberechenbar

doch statt zu spekulieren
muss man das glück riskieren

ZWISCHENRÄUME

immer gibt es zwischenräume
wo noch platz ist für ein paar träume

vielleicht eine nische, irgendein eck
vielleicht auch ein ganz geheimes versteck
vielleicht auch irgendwo mittendrin
oder da, wo du bist und wo ich jetzt bin

zwischen den zweifeln, zwischen den sorgen
und zwischen gestern, heute und morgen
zwischen der wahrheit und den lügen –
und oft auch zwischen zwei atemzügen

vielleicht auch zwischen den realitäten
vielleicht grade da, wo wir uns verspäten
vielleicht aber auch ein stück voraus
weit, ganz weit übers ziel hinaus

vielleicht grade da, wo wir jetzt starten
vielleicht da, wo wir es nie erwarten
vielleicht ist ja alles nur ein traum
und ich träume nur vom zwischenraum

ein zwischenraum kann auch gefährlich sein
wie gletscherspalten und tiefe risse
da stürzte so mancher traum hinein
auch mancher, den ich nun vermisse

doch immer gibt es zwischenräume -
ecken und nischen, versteckt und frei
gute plätze für ein paar träume -
manchmal ist ein risiko dabei

MACH DIE SCHERBEN WEG

mach die scherben weg
schmeiß sie in den müll
und versuch nicht, sie zu kleben
kehr die scherben auf
nimm es doch in kauf
weg damit – und weiter geht das leben

mach die scherben weg
schmeiß sie in den müll
scherben sind ganz häßlich und gemein
kehr die scherben auf
sonst tritt einer drauf
du könntest es vielleicht ja selber sein

mach die scherben weg
schmeiß sie in den müll
schau sie doch nicht so entgeistert an
kehr die scherben auf
pfeif doch einfach drauf
aber vorsicht! schneide dich nicht dran

mach die scherben weg
schmeiß sie in den müll
zorn und tränen bringen's nicht zurück
kehr die scherben auf
es nimmt seinen lauf
und es heißt ja: scherben bringen glück

OHNE DICH

ich würde nicht hier stehen
ohne dich
es würd' nicht weitergehen
ohne dich
ich würd' mir sorgen machen
ich fände keine sachen
ohne dich

ich würd' im sommer frieren
ohne dich
das gleichgewicht verlieren
ohne dich
ich würde viel nicht sehen
ich würde untergehen
ohne dich

ich würde viel vergessen
ohne dich
ich würd' nicht richtig essen
ohne dich
es würde öfter kalt sein
ich würde schneller alt sein
ohne dich

ACH, WÄR ICH DOCH DEIN REGENSCHIRM

ach, wär ich doch dein regenschirm
und von dir aufgespannt!
ich würde dich beschützen
bei dem weg durchs regenland

du wirst nicht nass, ich lasse dich
doch nicht im regen steh'n!
du kannst mit mir ganz unbekümmert
durch den regen geh'n

ach, wär ich doch dein sonnenhut!
dann schützte ich dich gut
vor hitzschlag und vor sonnenbrand
in heißer sonnenglut

du musst nicht in den schatten flieh'n
musst nicht die sonne scheu'n
du kannst mit mir spazieren geh'n
und musst es nicht bereu'n

ach, wär ich doch, wenn's winter ist
dein schal und deine mütze!
dann wär ich dir ganz nah
wenn ich dich vor der kälte schütze

bei kaltem wind, bei schnee und eis
bei jedem winterwetter
da möcht ich dein beschützer sein –
wenn nötig auch dein retter

im sommer und im winter auch
zu allen jahreszeiten
will ich dir immer nahe sein
und möchte dich begleiten

ich möchte dir gern nützlich sein
ganz ohne jede frage
bei regen und bei sonnenschein
bei jeder wetterlage

ALLES AUF NULL

für eine freundin, die den mann verloren hat

er ist nicht mehr da, er geht nicht mehr mit
und du wolltest weitergeh'n – schritt für schritt

er ging mit dir – und da war so viel –
der weg war so weit, der weg war das ziel

und dir ist als wär die welt
wieder auf null gestellt
alles auf null, alles steht
alles auf null zurückgedreht

du kommst nicht so leicht davon, nicht ungeschoren –
doch es ist nicht alles vorbei und verloren

es ist dein gepäck – gut, dass du es hast –
es ist und es bleibt aber auch eine last

und dir ist als wär die welt
wieder auf null gestellt
alles auf null, alles steht
alles auf null zurückgedreht

doch es geht weiter – denn die welt
ist nicht wieder auf null gestellt

und es geht weiter – stück für stück
und wir lassen dich nicht zurück

GEDANKENREISEN

manche gedanken
die auf wolken schweben
haben am boden kein langes leben
manche gedanken, die gern reisen
haben schuhe, schwer wie eisen

mancher gedanke macht sich leise
manchmal ganz heimlich auf die reise
er sucht ein schiff und fährt zur not
auch ganz allein in einem boot

mancher gedanke wird kein wort
ihn spülen die wellen über bord
mancher versinkt im weichen sand
doch mancher rettet sich an land

WAS ICH DER WELT ZU SAGEN HÄTTE

was ich der welt zu sagen hätte
hat mich die welt noch nie gefragt
was ich der welt zu sagen hätte
hat man schon tausendmal gesagt:

gegen waffen, gegen kriege
und zerstörerische siege
gegen hasserfüllte spinner
gegen ruchlose gewinner

was ich der welt zu sagen hätte
ist: stop! sonst geht die sache schief
was ich der welt zu sagen hätte
das ist – ich geb es zu – naiv

was ich der welt zu sagen hätte
hat mich die welt noch nie gefragt
was ich der welt zu sagen hätte
hat man schon tausendmal gesagt:

nicht alles, was man kann, ist wichtig
und der erfolg ist kein beweis
nicht alles, was gelingt, ist richtig
oft zahlen andere den preis

was ich der welt zu sagen hätte –
dem schließt ihr euch vermutlich an –
was ich der welt zu sagen hätte
ändert trotzdem nichts daran

was ich der welt zu sagen hätte
hat mich die welt noch nie gefragt
was ich der welt zu sagen hätte
hat man schon tausendmal gesagt:

hört auf, ganz schnell mal wegzugucken
seht euch doch den schlamassel an
hört auf, euch schnell mal wegzuducken
wenn's ungemütlich werden kann

was ich der welt zu sagen hätte -
ach ja, ich gebe es schon zu
dass ich, was ich zu sagen hätte
auch selber gar nicht immer tu

was ich der welt zu sagen hätte
hat mich die welt noch nie gefragt
was ich der welt zu sagen hätte
hat man schon tausendmal gesagt:

hört auf, den gauklern zuzugucken
und fiesen tricks zu applaudier'n
und seid nicht tolerant mit jenen
die nicht die andern tolerier'n

und was ich sag, mag primitiv sein
es klingt bemüht, vielleicht auch flach
und ist schon tausendmal gesagt –
und stimmt doch mehr als tausendfach

WENN ICH TOT BIN

wenn ich tot bin, hab ich keine sorgen
mich drückt keine unerfüllte pflicht
gestern oder heute oder morgen
tage oder stunden zählen nicht

wenn ich tot bin, kann mir nichts passieren
wenn ich tot bin, geht's mir richtig gut
kann schon mal mein leben nicht verlieren
es geht nicht um feigheit oder mut

aber dass ich lebe, bin ich froh –
ist das leben auch ein risiko
aber dass ich lebe, bin ich froh –
tot bin ich am ende sowieso

wenn ich tot bin, wird mich keiner fragen
was ich vorhab oder was ich tu
muss nichts überlegen, nichts beklagen
wenn ich tot bin, sag ich nichts dazu

wenn ich tot bin, muss ich nicht entscheiden
was man dann mit meinen sachen macht
ihr müsst unter meinem chaos leiden –
ich hätt gerne ordnung reingebracht

aber dass ich lebe, bin ich froh –
ist das leben auch ein risiko
aber dass ich lebe, bin ich froh –
tot bin ich am ende sowieso

wenn ich tot bin, sing ich keine lieder
wenn ich tot bin, schreib ich kein gedicht
ich geh dann und komme nicht mehr wieder
doch den lauf der welt betrifft das nicht

immerhin – es wird wohl spuren geben
spuren, wo ich ging und wo ich stand
spuren auch von mir in eurem leben
spuren auch von dem, was uns verband

aber dass ich lebe, bin ich froh –
ist das leben auch ein risiko
aber dass ich lebe, bin ich froh –
tot bin ich am ende sowieso

wenn ich tot bin, möchte ich gern sehen
dass ihr euch an meinem grab vereint
und ich hoffe, das muss ich gestehen
dass ihr auch ein bisschen um mich weint

wenn ich tot bin, wohn ich in den träumen
ich bin alt und bin zugleich ein kind
wohne in den blumen und den bäumen
und in häusern, wo noch träume sind

aber dass ich lebe, bin ich froh –
ist das leben auch ein risiko
aber dass ich lebe, bin ich froh –
tot bin ich am ende sowieso

IN DIESEN ZEITEN

kann ich singen, kann ich reime schreiben
wenn wir ratlos vor der zukunft stehn?
wenn so viele ohne hoffnung bleiben?
wenn vollbesetzte boote untergehn?

wenn hier immer wieder häuser brennen?
wenn der hass sich ungeniert benimmt?
wenn wir ratlos hinter den problemen rennen
und nicht wissen, ob die richtung stimmt?

müssten es vielleicht ganz andre lieder sein?
soll ich, statt zu reimen, zornig schrein
und verstörung und empörung zeigen?
oder sollte ich jetzt lieber schweigen
damit nicht der blick getrübt ist und die sicht verstellt
auf die unzulänglichkeiten dieser welt?

kann ich überhaupt in diesen zeiten
wo die welt sich grade schwindlig dreht
mich befassen auch mit kleinigkeiten
wo's doch nur noch um ganz große dinge geht?

wo der wahnsinn tobt in vielen ländern
wo erbarmungslos man kriege führt
aber wird sich etwas daran ändern
wenn kein lied uns mehr berührt?

wird es besser, wenn man nicht mehr singt?
wenn kein lied mehr unbekümmert klingt?
wenn die musik verstummt, wenn keiner lacht?
wenn man nichts mehr zum vergnügen macht?
nein, wenn man es sein lässt und nicht tut
wird die welt nicht besser und nicht gut

und wer malen will, soll weitermachen
und wer tanzen will, soll sich dran freun
kinder sollen spielen und auch lachen
und wer glück hat, muss es nicht bereun

ich will weiterhin in diesen zeiten
auch in dieser gottverdammten welt
singen, lieben, lachen, weinen, streiten
und mich freuen, wenn mir was gefällt

es verstellt mir nicht den blick
und trübt mir nicht die sicht
und dass ich zu andern dingen schweige
heißt das nicht

GUTER RAT AN DIE NACHKOMMENDEN

ich könnt' euch raten, dies und das zu lassen
ich könnt' euch raten, was ihr machen sollt
ihr würdet mich, wenn ich es täte, dafür hassen
und dann doch immer wieder machen, was ihr wollt

ich habe selber auch schon manchen rat bekommen
nicht selten hat mich das geärgert und gestört
und manchen rat hätt' ich wohl besser angenommen
und manchen hätte ich wohl besser überhört

man kann so manchen guten rat wohl erst verstehen
wenn man es anders macht und böse folgen spürt
oft aber ist es gut, den andern weg zu gehen
der gegen jeden rat zu neuen ufern führt

ich könnt' euch raten, dies und das zu lassen
ich könnt' euch raten, was ihr machen sollt
ich würde mich, wenn ich es täte, dafür hassen
und hoffe nur, ihr wisst schon selber, was ihr wollt

was nahe liegt, muss nicht die beste wahl sein
der grade weg führt manchmal nicht zum ziel
und was bequem ist, kann vielleicht fatal sein
und manches sieht oft nur gut aus und hilft nicht viel

doch andrerseits wird allzu leicht auch übersehen
dass es direkt geht und 'ne lösung naheliegt
den faulen und bequemen kann's oft besser gehen
es ist auch möglich, dass am schluss die dummheit siegt

ich könnt' euch raten, dies und das zu lassen
doch halt ich mich mit meinen weisheiten zurück
der beste rat nützt nichts, ist man vom glück verlassen
drum statt zu raten wünsche ich euch lieber glück

DANKE

freut mich, wenn's gefallen hat
und dank für den applaus
wir gehen auseinander
und die lichter gehen aus
danke und auf wiedersehn –
das wär's dann wohl gewesen
ich zahl meine rechnung selber
und auch meine spesen

freut mich, wenn ich merke
es ist etwas angekommen
und was ernst gemeint ist
wird auch wirklich ernst genommen
danke für das interesse –
doch der lauf der dinge
hängt nicht davon ab,
ob ich was sage oder singe

freut mich immer,
wenn man zu mir nette worte spricht
es tut meinem ego gut
doch reich macht mich das nicht
danke für den zuspruch –
aber denkt an meine spesen
besser wär's, ihr kauft mein buch –
ihr müsst es gar nicht lesen

WÖRTER, WORTE UND GEDANKEN (1)

für manche gedanken sind die worte
heimatorte

für manche gedanken ist ein satz
oder ein wort kein guter platz

manche gedanken verweilen
zwischen den zeilen

oder in mehr oder weniger schönen
untertönen

und manche gedanken sind nicht zu fassen...
sie werden sich nie niederlassen

WÖRTER, WORTE UND GEDANKEN (2)

ich kann dir sagen, was ich denke

ich kann hinter meinen worten verbergen
was ich denke

ich kann mit vielen worten
nichts sagen

vielleicht finde ich nicht die richtigen worte
um zu sagen, was ich denke

und du kannst jedes wort
auf die goldwaage legen –
musst aber nicht

Die Texte auf S. 55 und S. 56 wurden in der Auflage 2017 hinzugefügt